따라 쓰기

좋 은 습 관 들 이 기 프 로 젝 트

· · · · · · · · · · · ·

성경 잠언1

바르게 써 보세요

잠언 1:7 여호와를 경외하는 것이 지식의 근본이거늘 미련한 자는 지혜와 훈계를 멸시하느니라

여	호	와	를		경	외	하	는		것	이		지	식	의
근	본	이	거	늘		미	련	한		자	는		지	혜	와
훈	계	를		멸	시	하	느	니	라						

✱ 멸시 – 업신여기거나 하찮게 여겨 깔봄

The fear of the LORD is the beginning of knowledge, but fools despise wisdom and discipline.

✱ fear 경외, 두려움   knowledge 지식

여호와를 경외하는 것이 지식의 근본이거늘 미련한 자는 지혜와 훈계를 멸시하느니라

잠언 1:10 내 아들아 악한 자가 너를 꾈지라도 따르지 말라

내		아	들	아		악	한		자	가		너	를		꾈
지	라	도		따	르	지		말	라						

My son, if sinners entice you, do not give in to them.

✱ entice 유도하다, 꾀다

좋은 친구를
사귀어야 해!

내 아들아 악한 자가 너를 꾈지라도 따르지 말라

바르게 써 보세요

잠언 1:33 오직 내 말을 듣는 자는 평안히 살며 재앙의 두려움이 없이 안전하리라

오직 내 말을 듣는 자는 평안
히 살며 재앙의 두려움이 없이
안전하리라

✱ 재앙 – 불행한 사고

but whoever listens to me will live in safety and be at ease, without fear of harm."

✱ safety 안전   fear 공포, 두려움   harm 피해, 재앙

오직 내 말을 듣는 자는 평안히 살며 재앙의 두려움이
없이 안전하리라

바르게 써 보세요

잠언 3:3 인자와 진리가 네게서 떠나지 말게 하고 그것을 네 목에 매며 네 마음 판에 새기라

인	자	와		진	리	가		네	게	서		떠	나	지
말	게			하	고			그	것	을		네		목	에		매
며			네		마	음	판	에			새	기	라	

✱ 인자 - 그리스도를 가리키는 명칭

Let love and faithfulness never leave you; bind them around your neck, write them on the tablet of your heart.

✱ bind 묶다, 매다   tablet 판

| 인자와 진리가 네게서 떠나지 말게 하고 그것을 네 목 |
| 에 매며 네 마음판에 새기라 |
| |
| |
| |

잠언 3:4 그리하면 네가 하나님과 사람 앞에서 은총과 귀중히 여김을 받으리라

그리하면 네가 하나님과 사람
앞에서 은총과 귀중히 여김을
받으리라

✱ 은총 - 무상으로 주시는 선물

Then you will win favor and a good name in the sight of God and man.

✱ favor 은혜

그리하면 네가 하나님과 사람 앞에서 은총과 귀중히
여김을 받으리라

잠언 3:5 너는 마음을 다하여 여호와를 신뢰하고 네 명철을 의지하지 말라

너는	마음을		다하여	여호와를	
신뢰하고		네	명철을	의지하지	
말라					

✶ 명철 - 총명하고 사리에 밝다

Trust in the LORD with all your heart and lean not on your own understanding;

✶ Trust 신뢰, 신임   lean ~기대다(의지하다)

너는 마음을 다하여 여호와를 신뢰하고 네 명철을 의

지하지 말라

바르게 써 보세요

잠언 3:6 너는 범사에 그를 인정하라 그리하면 네 길을 지도하시리라

너	는		범	사	에		그	를		인	정	하	라		그
리	하	면		네		길	을		지	도	하	시	리	라	

✱ 범사 – 모든 일, 평범한 일

in all your ways acknowledge him, and he will make your paths straight.

✱ acknowledge 인정하다   path 길, 진로   straight 곧장, 똑바로

진리의 말씀을 믿습니다!

너는 범사에 그를 인정하라 그리하면 네 길을 지도하

시리라

바르게 써 보세요

잠언 3:7 스스로 지혜롭게 여기지 말지어다 여호와를 경외하며 악을 떠날지어다

스	스	로		지	혜	롭	게		여	기	지		말	지	어
다		여	호	와	를		경	외	하	며		악	을		떠
날	지	어	다												

Do not be wise in your own eyes; fear the LORD and shun evil.

✱ wise 지혜로운, 현명한   shun 피하다

스스로 지혜롭게 여기지 말지어다 여호와를 경외하며

악을 떠날지어다

잠언 3:8 이것이 네 몸에 양약이 되어 네 골수를 윤택하게 하리라

이것이 네 몸에 양약이 되어
네 골수를 윤택하게 하리라

✱ 윤택 – 삶이 풍부하다

This will bring health to your body and nourishment to your bones.

✱ nourishment 음식물, 영양분

이것이 네 몸에 양약이 되어 네 골수를 윤택하게 하리
라

잠언 3:9 네 재물과 네 소산물의 처음 익은 열매로 여호와를 공경하라

네 재물과 네 소산물의 처음
익은 열매로 여호와를 공경하라

✱ 재물 – 돈, 값나가는 모든 물건   소산물 – 생산된 물건   공경 – 공손히 받들어 모심

Honor the LORD with your wealth, with the firstfruits of all your crops;

✱ honor 공경하다

네 재물과 네 소산물의 처음 익은 열매로 여호와를 공
경하라

바르게 써 보세요

잠언 3:10 그리하면 네 창고가 가득히 차고 네 포도즙 틀에 새 포도즙이 넘치리라

그	리	하	면		네		창	고	가		가	득	히		차
고		네		포	도	즙		틀	에		새		포	도	즙
이		넘	치	리	라										

then your barns will be filled to overflowing, and your vats will brim over with new wine.

✱ barn 외양간, 창고　　vat 통　　brim over 넘쳐흐르다

그리하면 네 창고가 가득히 차고 네 포도즙 틀에 새

포도즙이 넘치리라

잠언 3:11 내 아들아 여호와의 징계를 경히 여기지 말라 그 꾸지람을 싫어하지 말라

내 아들아 여호와의 징계를 경
히 여기지 말라 그 꾸지람을
싫어하지 말라

✱ 징계 – 벌을 내리거나 제재를 가함   경히 – 대수롭지 않게

My son, do not despise the LORD's discipline and do not resent his rebuke,

✱ resent 분하게 여기다   rebuke 질책하다, 꾸짖다

내 아들아 여호와의 징계를 경히 여기지 말라 그 꾸지
람을 싫어하지 말라

잠언 4:6 지혜를 버리지 말라 그가 너를 보호하리라 그를 사랑하라 그가 너를 지키리라

지혜를	버리지	말라	그가	너를
보호하리라	그를	사랑하라		그가
너를	지키리라			

Do not forsake wisdom, and she will protect you; love her, and she will watch over you.

✱forsake 버리다   protect 보호하다, 지키다

지혜를 버리지 말라 그가 너를 보호하리라 그를 사랑

하라 그가 너를 지키리라

14

잠언 4:14~15 사악한 자의 길에 들어가지 말며 악인의 길로 다니지 말지어다 그의 길을 피하고 지나가지 말며 돌이켜 떠나갈지어다

사	악	한	자	의	길	에	들	어	가	지	말
며	악	인	의	길	로	다	니	지	말	지	어
다	그	의	길	을	피	하	고	지	나	가	지
말	며	돌	이	켜	떠	나	갈	지	어	다	

✱ 사악하다 - 악하다   악인 - 나쁜 사람

Do not set foot on the path of the wicked or walk in the way of evil men. Avoid it, do not travel on it; turn from it and go on your way.

✱ path 길   wicked 못된, 사악한   evil 사악, 악

사악한 자의 길에 들어가지 말며 악인의 길로 다니지
말지어다 그의 길을 피하고 지나가지 말며 돌이켜 떠
나갈지어다

잠언 4:23 모든 지킬 만한 것 중에 더욱 네 마음을 지키라 생명의 근원이 이에서 남이니라

모든	지킬	만한	것	중에	더욱
네	마음을	지키라		생명의	근원
이	이에서	남이니라			

✱ 근원 – 사물의 근본이나 원인

Above all else, guard your heart, for it is the wellspring of life.

✱ above all else 다른 무엇보다도   wellspring 원천, 근원

모든 지킬 만한 것 중에 더욱 네 마음을 지키라 생명의 근원이 이에서 남이니라

바르게 써 보세요

잠언 4:24 구부러진 말을 네 입에서 버리며 비뚤어진 말을 네 입술에서 멀리하라

구부러진 말을 네 입에서 버리
며 비뚤어진 말을 네 입술에서
멀리하라

Put away perversity from your mouth; keep corrupt talk far from your lips.

✱ put away 멀리두다   corrupt 부패한, 타락한   lip 입술

구부러진 말을 네 입에서 버리며 비뚤어진 말을 네 입
술에서 멀리하라

바르게 써 보세요

잠언 6:10~11 좀더 자자, 좀더 졸자, 손을 모으고 좀더 누워 있자 하면 네 빈궁이 강도 같이 오며 네 곤핍이 군사 같이 이르리라

좀	더		자	자,		좀	더		졸	자,		손	을		모
으	고		좀	더		누	워		있	자		하	면		네	
빈	궁	이		강	도		같	이		오	며		네		곤
핍	이		군	사		같	이		이	르	리	라			

✱ 빈궁 - 가난하고 궁색함   곤핍 - 몹시 고단함

A little sleep, a little slumber, a little folding of the hands to rest-
and poverty will come on you like a bandit and scarcity like an armed man.

✱ bandit 강도   scarcity 부족, 곤핍

| 좀더 자자, 좀더 졸자, 손을 모으고 좀더 누워 있자 하 |
| 면 네 빈궁이 강도 같이 오며 네 곤핍이 군사 같이 이 |
| 르리라 |
| |
| |

18

잠언 8:13 여호와를 경외하는 것은 악을 미워하는 것이라 나는 교만과 거만과 악한 행실과 패역한 입을 미워하느니라

여	호	와	를		경	외	하	는		것	은		악	을
미	워	하	는		것	이	라		나	는		교	만	과
거	만	과		악	한		행	실	과		패	역	한	입
을		미	워	하	느	니	라							

✱ 교만 - 뽐냄   패역 - 순리를 거슬러 불순함

To fear the LORD is to hate evil; I hate pride and arrogance, evil behavior and perverse speech.

✱ evil 악   hate 미워하다   arrogance 교만   perverse 비뚤어진, 왜곡하다

여호와를 경외하는 것은 악을 미워하는 것이라 나는
교만과 거만과 악한 행실과 패역한 입을 미워하느니라

잠언 9:10 여호와를 경외하는 것이 지혜의 근본이요 거룩한 자를 아는 것이 명철이니라

여	호	와	를		경	외	하	는		것	이		지	혜	의
근	본	이	요		거	룩	한		자	를		아	는		것
이		명	철	이	니	라									

✱ 명철 – 총명하고 사리에 밝다

The fear of the LORD is the beginning of wisdom, and knowledge of the Holy One is understanding.

✱ fear 공포, 두려움, 무서움

여호와를 경외하는 것이 지혜의 근본이요 거룩한 자를
아는 것이 명철이니라

잠언 10:19 말이 많으면 허물을 면하기 어려우나 그 입술을 제어하는 자는 지혜가 있느니라

말	이		많	으	면		허	물	을		면	하	기		어
려	우	나		그		입	술	을		제	어	하	는		자
는		지	혜	가		있	느	니	라						

✱ 허물 – 흉, 비웃음 살 거리　　제어 – 감정, 충동 등을 막거나 누름

When words are many, sin is not absent,
but he who holds his tongue is wise.

✱ sin 허물　　absent 없는, 결석한

난 말이 너무
많아 흑흑~

말이	많으면	허물을	면하기	어려우나	그	입술을	제어
하는	자는	지혜가	있느니라				

21

바르게 써 보세요

잠언 12:15 미련한 자는 자기 행위를 바른 줄로 여기나 지혜로운 자는 권고를 듣느니라

미	련	한		자	는		자	기		행	위	를		바	른
줄	로			여	기	나		지	혜	로	운		자	는		권
고	를			듣	느	니	라								

✻ 미련 - 어리석고 둔함   권고 - 어떤 일을 하도록 권함

The way of a fool seems right to him,
but a wise man listens to advice.

✻ seem ~처럼 여기다

남의 충고를 잘 들읍시다!

미련한 자는 자기 행위를 바른 줄로 여기나 지혜로운
자는 권고를 듣느니라

22

잠언 13:20 지혜로운 자와 동행하면 지혜를 얻고 미련한 자와 사귀면 해를 받느니라

지	혜	로	운		자	와		동	행	하	면		지	혜	를
얻	고		미	련	한		자	와		사	귀	면		해	를
받	느	니	라												

✽ 동행 – 같이 길을 감   해(害) – 손상을 입힘

He who walks with the wise grows wise,
but a companion of fools suffers harm.

친구를 잘
사귀어야겠다

✽ grow 얻다   companion 동행   suffer 고통받다   harm 피해

| 지 | 혜 | 로 | 운 | 자 | 와 | 동 | 행 | 하 | 면 | 지 | 혜 | 를 | 얻 | 고 | 미 | 련 | 한 | 자 | 와 | 사 |
| 귀 | 면 | 해 | 를 | 받 | 느 | 니 | 라 | | | | | | | | | | | | | |

잠언 14:9 미련한 자는 죄를 심상히 여겨도 정직한 자 중에는 은혜가 있느니라

미련한 자는 죄를 심상히 여겨
도 정직한 자 중에는 은혜가
있느니라

✱ 미련 - 매우 어리석고 둔함   심상히 - 대수롭지 않게

Fools mock at making amends for sin, but goodwill is found among the upright.

✱ mock at 비웃다   amend 바꾸다   goodwill 은혜

미련한 자는 죄를 심상히 여겨도 정직한 자 중에는 은
혜가 있느니라

잠언 14:29 노하기를 더디 하는 자는 크게 명철하여도 마음이 조급한 자는 어리석음을 나타내느니라

노	하	기	를		더	디		하	는		자	는		크	게
명	철	하	여	도		마	음	이		조	급	한		자	는
어	리	석	음	을		나	타	내	느	니	라				

✻ 더디다 – 늦다   조급하다 – 참을성이 없다   어리석다 – 슬기롭지 못하다

A patient man has great understanding, but a quick-tempered man displays folly.

✻ patient 참는   quick 빠른   tempered 조절된, 완화된   folly 어리석음

노하기를 더디 하는 자는 크게 명철하여도 마음이 조
급한 자는 어리석음을 나타내느니라

바르게 써 보세요

잠언 15:1 유순한 대답은 분노를 쉬게 하여도 과격한 말은 노를 격동하느니라

유	순	한		대	답	은		분	노	를		쉬	게		하
여	도		과	격	한		말	은		노	를		격	동	하
느	니	라													

✱ 유순하다 – 부드럽고 순하다   과격 – 격렬   격동 – 급격하게 움직임

A gentle answer turns away wrath, but a harsh word stirs up anger.

✱ wrath 분노   harsh 가혹한   stir up 격동시키다

화내는 건
나빠

유순한 대답은 분노를 쉬게 하여도 과격한 말은 노를
격동하느니라

26

잠언 15:4 온순한 혀는 곧 생명 나무이지만 패역한 혀는 마음을 상하게 하느니라

|온|순|한| |혀|는| |곧| |생|명| |나|무|이|지|
|만| |패|역|한| |혀|는| |마|음|을| |상|하|게|
하	느	니	라											

✳ 온순하다 - 성질이 양순하다　　패역하다 - 도리에 어긋나고 불순하다

The tongue that brings healing is a tree of life, but a deceitful tongue crushes the spirit.

✳ deceitful 속임수, 사기, 기만

말조심!

온순한 혀는 곧 생명 나무이지만 패역한 혀는 마음을

상하게 하느니라

바르게 써 보세요

잠언15:16 가산이 적어도 여호와를 경외하는 것이 크게 부하고 번뇌하는 것보다 나으니라

가산이 적어도 여호와를 경외하
는 것이 크게 부하고 번뇌하는
것보다 나으니라

✱ 가산 - 집안의 재산　　번뇌 - 마음의 괴로움

Better a little with the fear of the LORD than great wealth with turmoil.

✱ turmoil 번뇌, 혼란

어차피 하루
세 끼!

가산이 적어도 여호와를 경외하는 것이 크게 부하고
번뇌하는 것보다 나으니라

잠언 15:17 채소를 먹으며 서로 사랑하는 것이 살진 소를 먹으며 서로 미워하는 것 보다 나으니라

채	소	를		먹	으	며		서	로		사	랑	하	는
것	이		살	진		소	를		먹	으	며		서	로
미	워	하	는		것	보	다		나	으	니	라		

Better a meal of vegetables where there is love than a fattened calf with hatred.

✱ a fattened calf 살진 송아지   hatred 미워함

평범해도 화목한 게 최오!

| 채소를 먹으며 서로 사랑하는 것이 살진 소를 먹으며 |
| 서로 미워하는 것보다 나으니라 |
| |
| |
| |

잠언 15:18 분을 쉽게 내는 자는 다툼을 일으켜도 노하기를 더디 하는 자는 시비를 그치게 하느니라

분	을		쉽	게		내	는		자	는		다	툼	을
일	으	켜	도			노	하	기	를		더	디		하	는
자	는		시	비	를		그	치	게		하	느	니	라

★ 분 - 분노, 화   노하다 - 화내다   더디하다 - 천천히 하다

A hot-tempered man stirs up dissension,
but a patient man calms a quarrel.

★ dissension 다툼   quarrel 시비

화날 땐 심호흡 3번 하기!

분을 쉽게 내는 자는 다툼을 일으켜도 노하기를 더디
하는 자는 시비를 그치게 하느니라

잠언 15:32 훈계 받기를 싫어하는 자는 자기의 영혼을 경히 여김이라 견책을 달게 받는 자는 지식을 얻느니라

훈계	받기를	싫어하는	자는	자
기의	영혼을	경히	여김이라	견
책을	달게	받는	자는	지식을
얻느니라				

✱ 훈계 – 주의를 줌   견책 – 징계처분   달게 – 기쁘게

He who ignores discipline despises himself,
but whoever heeds correction gains understanding.

✱ ignore 무시하다   discipline 훈계   heed 새겨듣다

충고해 주세요. 고치겠습니다!

훈계 받기를 싫어하는 자는 자기의 영혼을 경히 여김
이라 견책을 달게 받는 자는 지식을 얻느니라

바르게 써 보세요

잠언 16:1 마음의 경영은 사람에게 있어도 말의 응답은 여호와께로부터 나오느니라

마음의 경영은 사람에게 있어도
말의 응답은 여호와께로부터 나
오느니라

✱ 응답 - 부름이나 물음에 응하여 답함

To man belong the plans of the heart,
but from the LORD comes the reply of the tongue.

✱ reply 응답

욕심내지 말고
차근차근

마음의 경영은 사람에게 있어도 말의 응답은 여호와께
로부터 나오느니라

잠언 16:2 사람의 행위가 자기 보기에는 모두 깨끗하여도 여호와는 심령을 감찰하시느니라

사람의 행위가 자기 보기에는
모두 깨끗하여도 여호와는 심령
을 감찰하시느니라

✱ 심령 – 정신의 근원이 되는 의식의 본바탕   감찰 – 감독하여 살핌

All a man's ways seem innocent to him, but motives are weighed by the LORD.

내가 속을 줄 알았지? 다 보여~

✱ innocent 결백한   weigh 무게를 달다

사람의 행위가 자기 보기에는 모두 깨끗하여도 여호와
는 심령을 감찰하시느니라

잠언 16:3 너의 행사를 여호와께 맡기라 그리하면 네가 경영하는 것이 이루어지리라

너	의		행	사	를		여	호	와	께		맡	기	라
그	리	하	면		네	가		경	영	하	는		것	이
이	루	어	지	리	라									

✱ 행사 – 하는 일

Commit to the LORD whatever you do, and your plans will succeed.

✱ commit 맡기다   plan 계획

너의 행사를 여호와께 맡기라 그리하면 네가 경영하는
것이 이루어지리라

34

잠언 16:6 인자와 진리로 인하여 죄악이 속하게 되고 여호와를 경외함으로 말미암아 악에서 떠나게 되느니라

인	자	와		진	리	로		인	하	여		죄	악	이
속	하	게		되	고		여	호	와	를		경	외	함	으
로		말	미	암	아		악	에	서		떠	나	게		되
느	니	라												

✱ 속하다 - 없애다   경외 - 공경하면서 두려워함

Through love and faithfulness sin is atoned for; through the fear of the LORD a man avoids evil.

✱ faithfulness 신실함   atone for ~에 대해 속죄하다

진리를
따르라~~

인자와 진리로 인하여 죄악이 속하게 되고 여호와를

경외함으로 말미암아 악에서 떠나게 되느니라

잠언 16:9 사람이 마음으로 자기의 길을 계획할지라도 그의 걸음을 인도하시는 이는 여호와시니라

사람이	마음으로	자기의		길을
계획할지라도		그의	걸음을	인도
하시는	이는	여호와시니라		

✱ 인도하다 – 이끌어 지도하다

In his heart a man plans his course, but the LORD determines his steps.

계획대로 다 된 거야?

✱ determine 인도하다   step 발걸음

사람이 마음으로 자기의 길을 계획할지라도 그의 걸음을 인도하시는 이는 여호와시니라

잠언 16:16 지혜를 얻는 것이 금을 얻는 것보다 얼마나 나은고 명철을 얻는 것이 은을 얻는 것보다 더욱 나으니라

지	혜	를		얻	는		것	이		금	을		얻	는	
것	보	다		얼	마	나		나	은	고		명	철	을	
얻	는		것	이		은	을		얻	는		것	보	다	
더	욱		나	으	니	라							

✱ 명철 - 총명하고 사리에 밝음

How much better to get wisdom than gold, to choose understanding rather than silver!

✱ wisdom 지혜   understanding 명철

지혜를 얻는 것이 금을 얻는 것보다 얼마나 나은고 명철을 얻는 것이 은을 얻는 것보다 더욱 나으니라

바르게 써 보세요

잠언 16:17 악을 떠나는 것은 정직한 사람의 대로이니 자기의 길을 지키는 자는 자기의 영혼을 보전하느니라

악	을	떠	나	는	것은	정	직	한	사	람
의	대	로	이	니	자	기	의	길	을	지	키
는	자	는	자	기	의	영	혼	을	보	전	하
느	니	라									

✸ 대로 – 큰길, 활동의 큰 방향　　영혼 – 육체에 깃들어 있는 정신

The highway of the upright avoids evil; he who guards his way guards his life.

✸ avoid 방지하다, 막다　　guard 지키다

선 밟지 맙시다

악을 떠나는 것은 정직한 사람의 대로이니 자기의 길을 지키는 자는 자기의 영혼을 보전하느니라

잠언 16:20 삼가 말씀에 주의하는 자는 좋은 것을 얻나니 여호와를 의지하는 자는
복이 있느니라

삼	가		말	씀	에		주	의	하	는		자	는		좋
은		것	을		얻	나	니		여	호	와	를		의	지
하	는		자	는		복	이		있	느	니	라			

✱ 의지하다 - 마음을 기대어 도움받다

Whoever gives heed to instruction prospers, and blessed is
he who trusts in the LORD.

✱ give heed to ~에 주의하다   prosper 번성하다

보서 같은 말씀,
줌줌~~

삼가 말씀에 주의하는 자는 좋은 것을 얻나니 여호와
를 의지하는 자는 복이 있느니라

잠언 16:32 노하기를 더디하는 자는 용사보다 낫고 자기의 마음을 다스리는 자는 성을 빼앗는 자보다 나으니라

노	하	기	를		더	디	하	는		자	는		용	사	보
다		낫	고		자	기	의		마	음	을		다	스	리
는		자	는		성		을		빼	앗	는		자	보	다
나	으	니	라												

✱ 노하다 - 화내다를 점잖게 이르는 말   용사 - 용맹스러운 군인

Better a patient man than a warrior, a man who controls his temper than one who takes a city.

✱ warrior 용사   temper 성질

화날 때 많죠? 그때 기억하세요

노하기를 더디하는 자는 용사보다 낫고 자기의 마음을
다스리는 자는 성을 빼앗는 자보다 나으니라

잠언 17:1 마른 떡 한 조각만 있고도 화목하는 것이 제육이 집에 가득하고도 다투는 것보다 나으니라

마른		떡		한		조각만		있고도		화
목하는		것이		제육이		집에		가득		
하고도		다투는		것보다		나으니라				

✳ 화목 – 서로 뜻이 맞고 정다움   제육 – 돼지고기

Better a dry crust with peace and quiet than a house full of feasting, with strife.

아무리 잘 살면 뭐해, 매일 다툰다면…

✳ crust 껍질   feasting 잔치

마른 떡 한 조각만 있고도 화목하는 것이 제육이 집에
가득하고도 다투는 것보다 나으니라

41

잠언 17:3 도가니는 은을, 풀무는 금을 연단하거니와 여호와는 마음을 연단하시느니라

도가니는 은을, 풀무는 금을 연
단하거니와 여호와는 마음을 연
단하시느니라

✱ 도가니 - 쇠붙이를 녹이는 그릇   풀무 - 불을 피울 때에 바람을 일으키는 기구   연단 - 단련

The crucible for silver and the furnace for gold, but the LORD tests the heart.

단단한 내 마음
예뻐

✱ crucible 도가니   furnace 풀무, 용광로

도가니는 은을, 풀무는 금을 연단하거니와 여호와는
마음을 연단하시느니라

잠언 17:7 지나친 말을 하는 것도 미련한 자에게 합당하지 아니하거든 하물며 거짓 말을 하는 것이 존귀한 자에게 합당하겠느냐

지	나	친		말	을		하	는		것	도		미	련	한
자	에	게		합	당	하	지		아	니	하	거	든		하
물	며		거	짓	말	을		하	는		것	이		존	귀
한		자	에	게		합	당	하	겠	느	냐				

✱ 합당 – 어떤 기준에 꼭 알맞다   존귀 – 지위나 신분이 높고 귀함

Arrogant lips are unsuited to a fool-- how much worse lying lips to a ruler!

✱ arrogant 오만, 건방   unsuited 부적합한

지나친 말을 하는 것도 미련한 자에게 합당하지 아니

하거든 하물며 거짓말을 하는 것이 존귀한 자에게 합

당하겠느냐

잠언 17:9 허물을 덮어 주는 자는 사랑을 구하는 자요 그것을 거듭 말하는 자는 친한 벗을 이간하는 자니라

허 물 을		덮 어	주 는	자 는	사 랑 을	
구 하 는		자 요	그 것 을	거 듭	말 하	
는	자 는	친 한	벗 을	이 간 하 는		
자 니 라						

✱ 이간 – 사람과 사람 사이를 갈라놓음

He who covers over an offense promotes love, but whoever repeats the matter separates close friends.

✱ cover 덮다　　offense 허물　　promote 촉진하다　　repeat 반복하다　　close friend 친한 벗

허물을 덮어 주는 자는 사랑을 구하는 자요 그것을 거
듭 말하는 자는 친한 벗을 이간하는 자니라

잠언 17:14 다투는 시작은 둑에서 물이 새는 것 같은즉 싸움이 일어나기 전에 시비를 그칠 것이니라

```
다 투 는   시 작 은   둑 에 서   물 이   새
는   것   같 은 즉   싸 움 이   일 어 나 기
전 에   시 비 를   그 칠   것 이 니 라
```

✱ 둑 - 하천이나 호수의 물의 범람을 막기 위하여 설치하는 구축물   시비 - 옳음과 그름

Starting a quarrel is like breaching a dam; so drop the matter before a dispute breaks out.

싸우면
안 돼요

✱ dam 댐, 둑   dispute 시비, 분쟁

```
다투는 시작은 둑에서 물이 새는 것 같은즉 싸움이 일
어나기 전에 시비를 그칠 것이니라
```

잠언 17:22 마음의 즐거움은 양약이라도 심령의 근심은 뼈를 마르게 하느니라

마	음	의		즐	거	움	은		양	약	이	라	도		심
령	의		근	심	은		뼈	를		마	르	게		하	느
니	라														

✱ 양약 – 서양 의술로 만든 약   심령 – 정신의 근원이 되는 의식의 본바탕

A cheerful heart is good medicine, but a crushed
spirit dries up the bones.

✱ cheerful 즐겁다   crush 파쇄, 뭉개다   bone 뼈

즐겁게
생활해요

마음의 즐거움은 양약이라도 심령의 근심은 뼈를 마르
게 하느니라

바르게 써 보세요

잠언 18:2 미련한 자는 명철을 기뻐하지 아니하고 자기의 의사를 드러내기만 기뻐하느니라

미	련	한		자	는		명	철	을		기	뻐	하	지
아	니	하	고		자	기	의		의	사	를		드	러	내
기	만		기	뻐	하	느	니	라						

✱ 미련 - 잊지 못하고 밍기적거리는 마음

A fool finds no pleasure in understanding but delights in airing his own opinions.

✱ delight 기쁨

잘난체하지 말기!

미련한 자는 명철을 기뻐하지 아니하고 자기의 의사를
드러내기만 기뻐하느니라

47

잠언 18:10 여호와의 이름은 견고한 망대라 의인은 그리로 달려가서 안전함을 얻느니라

여호와의 이름은 견고한 망대라
의인은 그리로 달려가서 안전함
을 얻느니라

✱ 망대 – 적의 동정을 살피기 위하여 높이 세운 곳

The name of the LORD is a strong tower; the righteous run to it and are safe.

난 믿을 구석이 있지롱~~

✱ tower 탑, 망대   righteous 옳은, 정의롭다

여호와의 이름은 견고한 망대라 의인은 그리로 달려가
서 안전함을 얻느니라

잠언 18:20 사람은 입에서 나오는 열매로 말미암아 배부르게 되나니 곧 그의 입술에서 나는 것으로 말미암아 만족하게 되느니라

사	람	은		입	에	서		나	오	는		열	매	로
말	미	암	아		배	부	르	게		되	나	니		곧
그	의		입	술	에	서		나	는		것	으	로	말
미	암	아		만	족	하	게		되	느	니	라		

From the fruit of his mouth a man's stomach is filled; with the harvest from his lips he is satisfied.

✱ fruit 과일   stomach 위, 위장   harvest 수확

예쁜말 하기~

사람은 입에서 나오는 열매로 말미암아 배부르게 되나
니 곧 그의 입술에서 나는 것으로 말미암아 만족하게
되느니라

잠언 18:21 죽고 사는 것이 혀의 힘에 달렸나니 혀를 쓰기 좋아하는 자는 혀의 열매를 먹으리라

죽	고		사	는		것	이		혀	의		힘	에		달
렸	나	니		혀	를		쓰	기		좋	아	하	는		자
는		혀	의		열	매	를		먹	으	리	라			

The tongue has the power of life and death, and those who love it will eat its fruit.

✷ tongue 혀

나쁜말 하면 안 돼요~

죽고 사는 것이 혀의 힘에 달렸나니 혀를 쓰기 좋아하
는 자는 혀의 열매를 먹으리라

잠언 19:11 노하기를 더디 하는 것이 사람의 슬기요 허물을 용서하는 것이 자기의
영광이니라

노하기를			더디		하는		것이		사람
의			슬기요			허물을			용서하는			것
이			자기의			영광이니라						

> ✱ 슬기 – 지혜로움   허물 – 잘못, 흠
>
> A man's wisdom gives him patience; it is to his glory to overlook an offense.
>
> ✱ patience 참을성   overlook (잘못된 것을) 못 본체하다   offense 잘못

노하기를 더디 하는 것이 사람의 슬기요 허물을 용서
하는 것이 자기의 영광이니라

바르게 써 보세요

잠언 19:20 너는 권고를 들으며 훈계를 받으라 그리하면 네가 필경은 지혜롭게 되리라

너	는		권	고	를		들	으	며		훈	계	를		받
으	라		그	리	하	면		네	가		필	경	은		지
혜	롭	게		되	리	라			

✱ 권고 – 어떤 일을 하도록 권함   필경 – 끝장에 가서는

Listen to advice and accept instruction, and in the end you will be wise.

✱ instruction 훈계, 지도

너는 권고를 들으며 훈계를 받으라 그리하면 네가 필경은 지혜롭게 되리라

바르게 써 보세요

잠언 19:21 사람의 마음에는 많은 계획이 있어도 오직 여호와의 뜻만이 완전히 서리라

사	람	의		마	음	에	는		많	은		계	획	이
있	어	도		오	직		여	호	와	의		뜻	만	이
완	전	히		서	리	라								

Many are the plans in a man's heart, but it is the LORD's purpose that prevails.

✱ purpose 뜻, 목적   prevail 만연하다, 승리하다

최선을 다하지만 결과에 연연해 맙시다

사람의 마음에는 많은 계획이 있어도 오직 여호와의
뜻만이 완전히 서리라

바르게 써 보세요

잠언 20:3 다툼을 멀리 하는 것이 사람에게 영광이거늘 미련한 자마다 다툼을 일으키느니라

다	툼	을		멀	리		하	는		것	이		사	람	에
게		영	광	이	거	늘		미	련	한		자	마	다	
다	툼	을		일	으	키	느	니	라						

✱ 미련하다 – 어리석고 둔하다

It is to a man's honor to avoid strife, but every fool is quick to quarrel.

✱ strife 다툼, 불화

다투지 맙시다!

다툼을 멀리 하는 것이 사람에게 영광이거늘 미련한 자마다 다툼을 일으키느니라

바르게 써 보세요

잠언 20:12 듣는 귀와 보는 눈은 다 여호와께서 지으신 것이니라

듣는 귀와 보는 눈은 다 여호
와께서 지으신 것이니라

Ears that hear and eyes that see-- the LORD has made them both.

✷ ear 귀   eye 눈

눈·코·입 누가
만들었을까요?

듣는 귀와 보는 눈은 다 여호와께서 지으신 것이니라

55

감수 최상훈

서울 화양감리교회 담임목사. 감리교신학대학교 겸임교수. 1997~2002년 아프리카 케냐 및 우간다 선교 사역. 2002~2008년 미국 알래스카 최초 감리교 한인교회 개척 및 담임. 2008~2014년 미국 캘리포니아 벤츄라 지역 교회 담임. CTS 〈내가 매일 기쁘게〉 출연 외.

따라쓰기 성경 – 잠언 1

ISBN 979-11-978668-2-1 03230 ‖ 초판 1쇄 펴낸날 2022년 8월 10일 ‖ 2쇄 펴낸날 2022년 12월 15일
펴낸이 정혜욱 ‖ 표지디자인 twoesdesign.com ‖ 내지디자인 이지숙 ‖ 마케팅 최문섭 ‖ 편집 연유나, 이은정
펴낸곳 스쿨존에듀 ‖ 출판등록 2021년 3월 4일 제 2021-000013호
주소 04779 서울시 성동구 뚝섬로 1나길 5(헤이그라운드) 7층
전화 02)929-8153 ‖ 팩스 02)929-8164 ‖ E-mail goodinfozuzu@hanmail.net
■ 스쿨존에듀(스쿨존)는 굿인포메이션의 자회사입니다. ■ 잘못된 책은 본사나 구입하신 서점에서 바꾸어 드립니다.
■ 본문은 개역개정(한글), NIV(영문) 성경을 사용하였습니다.

도서출판 스쿨존에듀(스쿨존)는 교사, 학부모님들의 소중한 의견을 기다립니다. 책 출간에 대한 기획이나 원고가 있으신 분은 이메일 goodinfozuzu@hanmail.net 으로 보내주세요.